존경합니다
사랑합니다
감사합니다
Woolf
김상철 드림

돋을볕
시인선
0 1 9

환상이 달을 쏘다

김상철 시조집

시인의 말

시조의 역사적 유래를 살펴보면 시간의 경과에 따라 나타나는 통시적 언어 조탁과 어떤 특정 시기에 일어나는 공시적 언어 고찰로서의 학문적 대상이라고 할 수 있다.

시조는 그 어느 문학 못지않게 우리 민족의 애절함과 정서를 다분히 담고 있는 3장(초장, 중장, 종장) 6구 45자 내외의 절제된 정형시다. 시조는 왜 글 시의 시조詩調를 쓰지 않고 때 시의 시조時調를 쓸까? 하는 생각을 나름대로 해 보았다. 시절가조時節歌調라는 용어는 조선 중기에 생성된 것이 아닌가 사료된다. 옛 당나라, 또는 이웃 일본에서도 우리나라 시조 형태와 유사한 문학이 있거나 있었다는 문서나 속설이 전래되고 있다.

시조의 태동기는 고려 초 또는 고려 중기에 고시조라는 타이틀로 생성되어 고려 말을 거쳐 조선 초기 또는 조선 중기에 융성기였으며, 1900년대 쯤부터는 현대시조라는 이름을 갈아 달고 오늘날까지 우리 곁을 지키고 있다. 고려 말, 조선 초기의 이방원의 〈하여가〉와 정몽주의 〈단심가〉는 오백년이 흐른 오늘날에도 정치인은 물론, 많은 지식인들에게 시사하는 바가 적지 않다. 고려 말, 조선 초기의 희비가 엇갈린 두 거인의 명작 한 수씩을 올려 본다.

이런들 어떠하리 저런들 어떠하리
만수산 드렁칡이 얽어진들 어떠하리
우리도 이같이 얽혀서 백 년까지 누리리라
―이방원, 〈하여가〉

이몸이 죽고 죽어 일백 번 고쳐 죽어
백골이 진토되어 넋이라도 있고 없고
님 향한 일편단심이야 가실 줄이 있으랴
―정몽주, 〈단심가〉

조선시대 시조를 집대성한 3대 시조집으로는 김천택의 〈청구영언〉과 김수장의 〈해동가요〉 그리고 박효관과 안민영의 〈가곡원류〉를 꼽을 수 있다. 조선시대 시문과 서화에 뛰어난 기녀 출신들이 적지 않았으나 특히 오늘날까지 우리들의 주목을 받는 기녀 시인은 황진이와 홍랑을 들 수 있다. 황진이와 홍랑이 쓴 시조 각각 한 수씩을 올려 본다.

동짓달 기나긴 밤을 한허리를 베어내어

춘풍 이불 아래 서리서리 넣었다가

님 오신 밤이어든 굽이굽이 펴리라

―황진이, 〈동짓달 기나긴 밤을〉

묏버들 가려 꺾어 보내노라 님에게

주무시는 창밖에 심어두고 보소서

밤비에 새잎 나거든 나인가 여기소서

―홍랑, 〈묏버들 가려 꺾어〉

〈동짓달 기나긴 밤을〉 역시 황진이의 님을 향한 시조이지만 〈묏버들 가려꺾어〉 또한 관기였던 홍랑이 한직을 떠돌던 최경창을 애틋하게 그리며 쓴 시조라는 것은 세상이 다 아는 사실이다. 조선시대의 사랑 노래는 모바일시대인 오늘날에도 진한 감동을 불러일으키는 연정가戀情歌라고 아니 할 수 없다.

조선 중기의 기생이었던 홍랑과 최경창의 사랑 이야기는 수백 년이 지난 오늘날까지 뜨겁게 회자되고 있다. 최근에 붐을 타고 있는 이호섭 작곡 민수현 노래 〈홍랑〉 역시 최경창과 홍랑의 사랑과 이별에 관한 노래이다. 건강하지 못한 최경창이 한양으로 돌아와 병져 누웠을 때 홍랑이 함경도에서 7일 동안 걸어서 한양으로 와서 최경창의 병구완을 했다는 일화는 진한 감동이며 휴먼스토리가 아닐 수 없다. 홍랑의 지극정성으로 최경창이 회복되었으나 관기를 들였다는

괘씸죄로 최경창은 다시 한직으로 떠돌다가 궁핍한 생활 등으로 44세에 객사했다고 한다. 미모를 자랑하던 기생 홍랑은 3년 동안 자기 몸을 망가뜨리면서 최경창의 죽음을 지켰다는 설화만 보더라도 홍랑의 님을 향한 일편 단심을 한눈에 알 수 있다. 시조는 그 시대상을 엿볼 수 있다고도 할 수 있다. 필자는 시조에 빠지면서 시조에서 매梅 죽竹 송松 난蘭처럼 고결한 품위와 특성을 발견할 수 있었다

현대에 이르러서는 범람하는 자유시에 밀려서 시조의 설 자리가 다소 좁아지기는 하지만 아직 3장 6구라는 고명하고 간결한 자태로 독자들의 마음을 사로 잡고 있다.

필자는 2019년에 제1시조집 《낮달에 길을 묻다》를 출간 후, 5년의 공백기를 거쳐 2024년에 드디어 제2시조집을 낼 수 있게 된 것이 감개 무량하다. 제2시조집《환상이 달을 쏘다》에는 다양한 삶의 부피와 무게를 담고 있으므로 미흡한 점 또한 없지 않겠지만 독자들의 애정과 지대한 관심을 바랄 뿐이다.

차례

시인의 말　　　　　　　　　　　2

제1부　환상이 달을 쏘다

남명, 가야를 걷다　　　　　　　12
환경의 반란　　　　　　　　　　13
웃음 정거장　　　　　　　　　　14
가로등 길에서 졸다　　　　　　　15
거미들의 성찬　　　　　　　　　16
달의 미소　　　　　　　　　　　17
산앤청 아리랑　　　　　　　　　18
구포 장날　　　　　　　　　　　19
고드름의 고뇌　　　　　　　　　20
조화造花들의 아우성　　　　　　21
장미 웃음 휘날리다　　　　　　　22
환상幻想이 달을 쏘다　　　　　　23
마음을 읽다　　　　　　　　　　24
장원루에 홀로 앉아　　　　　　　25
봉황 터를 잡다　　　　　　　　　26
연지 그곳에 가다　　　　　　　　27
징용, 그들의 만행　　　　　　　28
북촌리의 꿈　　　　　　　　　　29
한우산의 장관壯觀　　　　　　　30
패총 기억을 읽다　　　　　　　　31

제2부 행복의 등고선

행복의 등고선	34
아현동에 달이 지다	35
흔적	36
갈무리	37
대통령은 강을 건너지 않는다	38
발자국	39
그날이 오면	40
새들의 절규	41
야곱의 꼼수 사랑	42
잃어버린 김해	43
신어산의 아침	44
장유사에 달이 뜨다	45
들불은 붉은 흔적	46
팬데믹	47
분청사기를 아시나요	48
기다림	49
개미들의 함성	50
바람! 바람! 바람!	51
가야사 증언	52
블랙홀 아우성	53
은하사 불경 소리	54
추억에서 길을 묻다	55

제3부   사의재四宜齋의 사유

가야사伽倻史 다시 읽다	58
구두의 사용 설명서	59
성장기의 기억을 줍다	60
꿈을 재단합니다	61
물방울 연가	62
의령 박물관 다시 쓰는 이력서	63
69병동의 소묘素描	64
동병상련	65
오륙도의 자부심	66
잔다르크의 일기	67
일상을 세탁하다	68
패스워드의 질주	69
콩들의 반란	70
해풍의 불시착	71
달자 돌림	72
상처 보듬다	73
패총 다시 기억을 줍다	74
눈인사를 건네다	75
키오스크시대의 아이러니	76
아버지의 증명사진	77
계란&달걀의 진실 찾기	78
사의재四宜齋의 사유	79

제4부　언어에게 말 걸기

첨성대에서 세상을 굽어보다　82
빈집의 적신호　83
언어에게 말 걸기　84
사물四物의 진가　85
블랙박스　86
돌들의 아우성　87
선사 시대 패총의 기억　88
매일 장보는 남자　89
의령댁 오일장 가다　90
웃음을 팝니다　91
고향 되돌아보다　92
우리들의 자화상　93
봉화마을의 서정　94
그쯘한 밤　95
도배를 하며　96
달력 속에 숨은 사연　97
반려견 전성시대　98
침묵의 무게　99
갈사만의 와우새　100
와불의 반란　101
별은 언제 지는가　102
돈세탁　103

제5부 내 마음속 비밀번호

내 젊음은 가고	106
달그림자	107
요양원의 일상	108
전장典掌에서 세신洗身을 읽다	109
시골 동창회	110
노부부 세상을 읽다	111
가야伽倻의 흔적	112
팔랑개비의 변덕	113
입맛의 변절	114
그 섬에 살고 싶다	115
수변 공원의 신풍속도	116
오월의 장미	117
달의 무게	118
상실의 계절	119
모바일 날개를 달다	120
동전의 양면성	121
이스탄불의 아침	122
내 마음속 비밀번호	123
꼬막 길을 묻다	124
소록도에 달이 뜨면	125
오작교의 속삭임	126
거등왕 풍월 다시 듣다	127

제 1 부

환상이 달을 쏘다

남명, 가야를 걷다

사림의 흔적들을 촘촘히 베어 물고
오백 년 길을 따라 역사를 움켜쥐니
남명의 붉은 열정이
혼으로 일어서다

초야에 묻힌 조식 벼슬을 밀어내고
학문을 조제하고 후학을 빚어내며
드디어 북인학파의
진리는 길이 되다

발자취 더듬으면 흔적은 자기공명
산해정 십팔 년의 기록은 눈을 뜨고
오늘도 고샅길 따라
펼쳐지는 증언들

환경의 반란

쿵쾅쾅 요란하게
지구를 뒤흔드는
        전자파 알갱이들
        비밀로 일어서고
천둥은 빌딩을 향해
피뢰침을 꼬눈다

소낙비 입덧하듯
던지는 돌팔매질
        홍수는 느닷없이
        육지를 탐하더니
흔적은 상처를 물고
큰 시름에 잠긴다

웃음 정거장

뒤뜰의 콩밭에서 입 벌린 장다리꽃
벌 나비 유인하여 펼치는 웃음바다
불청객
꾀꼬리 한 쌍 벗어 던진 노란 가운

파리 떼 난데없이 명함을 내밀더니
품 안의 비밀문서 꽃잎에 얹어두고
허공을
유영하면서 연출하는 묘기들

병아리 찬조 출연 뒤뜰은 노란 물결
왁자한 삐약삐약 희망으로 일어서고
저마다
보따리 웃음 한가득 안고 간다.

가로등 길에서 졸다

분홍빛 휘감고서 파수꾼 자처하는
태양 닮은 너 모습
우뚝 솟은 잉걸불
앗 뜨거 불나방들이 오합지졸 아우성

버티개 눈에 걸고 불빛을 달빛인 양
먹이를 탐색하던
굶주린 들고양이
생쥐의 한숨 소리에 뜨끔하는 죄책감

동이 틀 새벽 무렵 화물차 경적 소리
먼지도 선잠 깨며
일제히 눈을 뜨고
전조등 불빛을 따라 일어서는 음성들

거미들의 성찬

금줄을 목에 걸고 외줄 타는 곡예사
출렁다리 건너가듯 온몸이 뒤뚱대고
드디어 묘기를 물고
비상을 시도한다

요소요소 올가미와 진드기로 진을 치고
메뚜기 잠자리들 함정으로 빠져들면
왕거미 엷은 미소로
유인작전 펼친다

줄행랑치는 개미 포승줄로 포박하고
불나방 덫에 걸려 그네인 양 출렁대니
청설모 깔깔 웃음에
지렁이가 꿈틀댄다

달의 미소

지구 이면裏面 새겨 놓은 무수한 사연들이
억만년 닳고 닳아 달관으로 일어서고
밤이면 온누리에서 제 깜냥을 보듬다

자근자근 엄마 사랑 다분히 베어 물고
낮에는 태양 열기 다소곳 숨죽이고
찬연한 미소를 안고 사붓사붓 길을 가다

소곤소곤 사근사근 그림자 밟아가며
있는 듯 없는 듯이 창문을 노크하면
블루문 슈퍼 블러드 지구에 꿈을 풀다

산앤청 아리랑

남부선 고속도로
뜬금없이 달려가면
경호강 물결 소리 쉼 없이 우쭐대고
대원사 목탁 소리에 숨죽이는 솔바람

꼬부랑 길을 따라 약초골 당도하니
구절초 하얀 미소
추억으로 일어서고
산앤청 동의보감촌 허준 선생 헛기침

아리랑 아아리랑 산앤청 아아리랑
얼씨구 저얼씨구 꽹과리 장구 소리
지리산 능선을 따라
달려오는 왁자함

구포 장날

먼동이 눈을 뜨며 어둠을 삼킨 뒤에
푸줏간 허공에서
울부짖던 애절함
가마솥 뚜껑 붙들고 신음 소리 요동친다

어깨를 집적이는 긴가민가 얼굴 하나
고개를 갸웃하며
국밥집에 마주 앉아
맴도는 기억 붙들어 소주잔에 풀어낸다

풀어도 끝이 없는 무한대로 실타래
비워지는 소주잔에
고여드는 추억들
유소년 비밀문서는 서사로 묻어둔다

아쉬움을 말아쥐고 갈지자 걸음으로
낯익은 둑방길
흥얼흥얼 걸어가면
숨 죽인 가로등 불빛 동시다발 일어선다.

고드름의 고뇌

처마 끝 붙들고서 벌서듯 늘어서서
봄바람 스쳐가면 움켜쥐는 조바심
햇살이 마냥 두려워 떨구는 눈물 줄기

연약한 수정체는 속마음 드러내고
촛불을 흉내 내며 주위를 밝히더니
드디어 봄눈 녹듯이 스러지는 그 정체

조화造花들의 아우성

제아무리 뽐내도 가공된 가상들은
조각구름 그러안고 최면을 걸어봐도
정지된
맥박 소리에
외면하는 벌 나비들

아무리 치장하고 아양을 떨어봐도
진국처럼 우러나는 진실은 문을 닫고
아부는
가면의 얼굴
덧대는 진부한 삶

장미 웃음 휘날리다

뜰 안의 한 켠에서
기지개 켜는 장미
햇살을 마다 않고 저들끼리 부대끼며
오월의 하품 소리에 담을 넘는 넝쿨 장미

푸르름 베어 물고
발돋움 하더니만
시나브로 사부작대며 똬리는 동굴 되고
봉곳이 미소 머금고 저들끼리 도란도란

가시를 대동하고
성숙은 숲이 되어
오뉴월 뜨근 열기 함박웃음 토해내니
담장 옆 길고양이가 귀 세운다 쫑긋이

환상幻想이 달을 쏘다

내 유년 시골 마을
촉수를 감아쥐고
갈증이 뜬금없이 충동을 드러내면
만삭한 보름달에게 가늠을 겨눠본다

인류 최초 달나라에 안착한 암스트롱
반세기 흐른 지금
뉘가 살까 달에는
요원한 미지의 세계 환상이 달을 쏜다

알파고 인공지능 세계를 지배하면
인공지능 발명한 인간은 길을 잃고
미로의 달나라에서
빌붙을 수 있을까

마음을 읽다

보일 듯 보일 듯이 보이지도 않고
잡힐 듯 잡힐 듯이 잡히지도 않는
낯선 듯 낯익은 듯한 무형의 동반자

걷다가 뛰다가 내 안에서 허덕이면
스스로 제어하는 달관의 숙련공
연륜의 언저리에서 피어나는 백합꽃

오늘도 캔버스에 물감을 뿌려가며
네 얼굴 네 모습을 초월의 경지에서
상상의 미래를 펼쳐 초심을 그려본다

장원루에 홀로 앉아

남강에 달이 뜨면 장원루 홀로 앉아

논개의 굳은 절개 의암바위 숭앙하니

흔적은 혈흔을 물고 함성으로 일어선다

왜장의 마고베를 눙치고 어르다가

호시탐탐 찰나에 물귀신 작전으로

단박에 목을 껴안고 수장하던 그날을

4세기 흐른 후에 논개길 걸어보니

임진왜란 의기사 진주기생 산홍의

앙칼진 웃음소리에 발길 멈춘 뭇 사내

봉황 터를 잡다

설익은 사연 하나 사붓이 베어 물고
거북의 등에 올라 세월을 끌어당겨

구지봉 가장자리에 보란 듯이 터를 잡다

침묵으로 일관하던 비밀의 문서들이
천년이 흐른 뒤에 역사로 일어서며

그 이름 가락국 시조 증명된 김수로왕

금관가야 저변에는 대가야 아라가야
봉황대 조개무덤 책갈피 활자처럼

지천에 켜켜로 묻혀 기록을 토해낸다

연지 그곳에 가다

연꽃을 베어 물고 사연을 아로새겨
오가는 이들의 뭇시선 호리더니
드디어
비밀 하나를
발설하는 수정체

연인들 끼리끼리 유튜브에 담은 사랑
백 년이 흐른 뒤에 처음처럼 상존할까
저마다
붉은 미소를
입안 가득 담는다

징용, 그들의 만행

이 세상 삼킬 듯이
서슬은 천방지축
힘의 우위 휘둘러 인권은 유린되고
오리발 정석인 듯이 당연시한 폭정들

신음은 길을 잃고
시궁창을 떠돌다
음성은 메아리로 교집합을 이루고
광복의 찬란한 함성 가슴에 쟁여넣다

북촌리의 꿈

하늘을 떠받들고 힘겹게 지탱해 온
내 고향 산촌의 후미진 그곳에는
인기척
사라진 후에 터를 잡는 멧돼지

그 옛날 옛적에는 오솔길 길을 따라
줄지어 늘어선 풀꾼이며 나무꾼들
이농의
회오리바람 도회로 몰려들고

세월이 흐른 뒤에 농경시대 명성이
되돌아 온다 한들 그 누가 정착할까
아슴한
시골의 전경 그림처럼 펼쳐지네

한우산의 장관 壯觀

청명 한식 베어 문
돌아나는 춘사월에
언덕진 색소폰도로 굽이굽이 돌고 돌아
쇠목재 괴암 절경이 뿜어내는 삼중주

시샘을 떠받드는
자굴산 한우산은
출중 인재 가득 품어 그러안은 문화유산
전국의 내로라 인물 호령하는 솥바위

패총 기억을 읽다

웅숭깊은 사연들을 다분히 베어 물고
억만년 숙성되어 농후한 그의 자태

지천에 켜켜로 묻혀 기록을 토해 내다

지구 이면 곳곳에 새겨 놓은 역서들
밤이면 그때 그 기억 혼불로 다시 피고

해마다 요맘때쯤에 꿈틀대는 흔적은

침묵으로 시위하던 비밀의 증서들이
책갈피 문신처럼 지울 수 없는 서사

세월의 뒤안길에서 보석으로 눈을 뜨다

제 2 부

행복의 등고선

행복의 등고선

소주 냄새 베어 물고
                    산비탈 오를 적에
초승달 낮은 곳으로 쉼 없이 흘러가고
구름은 제 살 부풀려 조각빵을 만든다

하늘에 널브러진 별을 품은 은하들이
평면 위 보조 곡선
                    나선형을 이루고
등고선 선율을 따라 펼쳐지는 지평선

거울 앞에 홀로 서서 마주 본 내 모습
나신의 각선미에 짝눈 펴는 아우성
나만의 행복 곡선에
                    콧노래를 얹는다.

아현동에 달이 지다

음지의 시궁창에 어렴풋한 기억들
고라니 너구리 떼 산비탈 스쳐가면
생쥐들
한숨 소리에
조각달이 이운다

산업혁명 첨단시대 쏜살같이 지나가고
농경시대 도래하면 고향 길 되짚을까
아슴한
산촌의 전경
기억 안고 흐른다.

흔 적

지우려고 은근히 거짓말을 불러 모아
밀대를 움켜쥐고 바닥을 닦아봐도
흔적은 고정관념으로 붙박여 소리친다

과거를 주워 담아 선별작업을 하고
시간과 공간들은 자리 다툼을 하며
족적에 지워지지 않는 문신을 새긴다

음성은 녹음되고 발자국은 서성인다
지워지지 않는 흔적 되새기는 백사장
물결이 기록을 삼키면 정적이 파닥인다

갈무리

서투른 소리들이 스피커를 맴돌다가
노래로 승화되어 듬성듬성 고개 들고
검버섯 칠순 노인네 다시 쓰는 인생사

막내딸 시집보낼 조마조마 걱정에
마음을 졸이면서 딸의 눈치 엿보는
부모들 한숨 소리에 대지 적신 소나비

나날이 줄어드는 출산율이 세상의
활기를 송두리째 빼앗아 가버리는
소멸의 위기 속에서 잦아드는 옹알이

대통령은 강을 건너지 않는다

사령탑 흔들리면 지쳐가는 신음 소리
호주머니 비워지면 소주 생각 꿈틀대고
오늘이 부활절이고 성탄절은 참배를 하자

채상병 이태원 참사 한으로 떠돌다가
지운다고 지워지지 않는 백성들의 절규는
높은 벽 철책을 넘어 용산실에 전해질까

눈물은 소낙비 불러오는 아이러니
군림이 아닌 협치의 빛이 고개 들면
용산은 탄핵의 강을 건널 수 있을까

고개를 숙여보렴 목에 힘을 조금 빼고
눈높이를 아주 아래로 아래로 낮춰보면
세상의 백성들 갈증 눈 녹듯이 녹는다

발자국

설야의 외길 따라 남겨진 족적들이

순백의 은빛 머금고 시야에 펼쳐지면

다소곳 새악시 웃음 음영으로 일어선다

인생의 행로 따라 가뭇한 신기루

고단한 삶의 여정 여의주 영롱 색채

굴곡진 언덕을 따라 사붓사붓 다시 걷고

종착지 다다를 즘 태양이 솟아날까

속이고 속는 세상 아슬아슬 곡예사

속세의 뒤안길에서 반추하는 흔적들

그날이 오면

쏜살같은 세월은
되돌아오지 않고
놓쳐버린 기회는 일곱 색깔 무지개
   아련한 아쉬움만이
   빈손에서 맴돈다

초승달 시나브로
몸집을 키우다가
하늘을 끌어당겨 보름달로 치립하면
   하물며 그날이 온들
   반립할까 내 꿈이

새들의 절규

조각구름 어울려
널뛰듯 펄럭이고
나뭇가지 마디마디 들붙은 잔소리들
길 잃은 뱁새들 읍소 나침반 되어주다

주르륵 쏟아지는
소나비 한줄기가
웅성이는 가루-새 길잡이 자처하며
애절한 새들의 절규 나무에서 엿듣다

야곱의 꼼수 사랑

구약에서 보았지 사악한 야곱의 꼼수를
아브라함은 이삭을 낳고 이삭은 야곱을
야곱은
메소포타미아
줄행랑을 쳤었지

이종사촌 라헬을 사랑으로 비다듬고
라반은 야곱을 레아와 맺어 줬었지
야곱은
형 에사오를
거짓으로 따돌렸지

잃어버린 김해

낙동강 둑방에서 굽어본 명지 들판
잃어버린 들에도 어김없이 봄은 오고
대파밭 푸른 물결은 전설로 떠돈다

개발의 미명 아래 우후죽순 아파트
강서구 이름표 달고 승승장구 하더니
드디어 국제도시로 자리매김 하는구나

몇몇의 위정자들 정치놀음 희생양
다시금 김해 품으로 돌아올 수 없을까
속울음 울컥 삼키며 지쳐가는 가야의 땅

신어산의 아침

산사의 불경 소리 새벽잠 일어서고
바람의 조력 받은 소나무들 소곤소곤
귀뚜리
애절한 울음 숲에서 답을 줍다

일상의 사연 안고 시나브로 솟아나는
동쪽의 붉은 손님 얼굴을 드러내면
억새풀
기지개 켜며 펼쳐보는 비밀문서

등산객 헛기침에 화들짝 놀란 토끼
내리막길 달리다가 두어 번 곤두박질
그 광경
훔쳐 본 구름 너털웃음 토해낸다

장유사에 달이 뜨다

천년 고찰 장유사에 새벽달 숨어들면
오르던 발걸음도 고요 속에 잠이 들고
폭포수
떨림 소리가
산까치 불러온다

켜켜로 쌓인 문서 역사로 일어서며
오가는 불자들의 마음을 가득 모아
계곡의
물소리 불러
설법을 다시 듣다

들붙은 붉은 흔적

코로나 팬데믹에 나락을 넘나들다
이제나 저제나 하마하마 하다가
삽시간
사채쟁이에 볼모 잡힌 가보들

티브이 고가구며 눈 맞대던 얼굴들은
상처를 베어물고 지워지지 않는 자국
고리채
붉은 흔적이 할퀴고 간 비정함

연거푸 들려오는 안주인 한숨 소리
가까스로 수습하고 품에 든 화보貨寶들
작금의
서늘한 간담 재울수록 요동친다

팬데믹

대수롭잖은 고뿔인 줄 가볍게 치부하다
내 몸에 파고들어 온몸을 들쑤실 때
저승길
문턱인 줄을
그즈음 되살피다

수많은 변이종이 동서양 넘나들면
인간의 사악함은 속절없이 무너지고
가녀린
한 줄기 목숨
하늘 향해 구원하다

분청사기를 아시나요

고려 말 조선 초기 상감청자 아시나요
회청색 바탕 위에 애절함을 상감한
은은한 분청사기에서 조신녀를 듣보다

황갈색 태토 위에 백색 옷 휘두르고
푸른 잿빛 베어 문 그 이름 분청사기
가야 혼 이어받아서 켜켜로 쌓아가다

기다림

새순이 돋아남은 희망을 꽃피우고
열매를 맺기 위한 몸부림이라면
뿌리는
내면을 가꾸는 기다림일 것이다

초침은 쉼없이 분침을 채찍질하고
분침은 시침을 한없이 재촉하지만
시침은
일관된 시선으로 지구를 읽고 있다

바늘에 실을 꿰야 제구실을 하듯이
세상의 옳고 그름은 변증의 법칙이고
인내는
기다림으로 응고된 결정체다

개미들의 함성

베짱이 벤치에서 거드름 피울 때에
논객들도 수긍한 개미들의 자긍심
다소곳 한데 모여서 세상을 읽어가다

경제가 달려가고 문화가 소리칠 때
동학개미 서학개미 우렁찬 함성으로
힘차게 글로벌 바다 붉은 배를 띄워라

하락길 주춤주춤 돌아선 상승길
따상을 연거푸로 내달리는 최고점
내일도 가풀막-길을 서슴없이 내달릴까

바람! 바람! 바람!

진솔한 내 어머니 간절한 그 염원은
자녀들 가슴속에 켜켜로 아로새겨
한평생
심짓불 되어
밝혀주는 불멸의 등

하늬바람 갈마바람 바다를 안고 돌면
만선한 지아비의 구릿빛 그 얼굴에
뱃고동
포물선 따라
갈매기 떼 출렁인다

바람은 희망이고 더불어 소망이다
채워지는 포만감과 비워지는 절망감
풍족은
나태의 씨앗
광막풍 불어온다

가야사 증언

함구령을 베어 문
구지봉 건국 설화
지석묘 이면에 핀 암화 같은 음어들
이천 년 가야의 흔적 진언하는 거북이

토기문화 철기문화
증언대에 세웠더니
아유타국 파사석탑 모바일로 일어서고
허왕후 다문화 원조 팩트 그리고 진실

금선사 불경 소리
풍문을 안고 돌면
틈새 바위 다람쥐들 숙덕공론 모여들고
마애불 세월 붙들고 마삭줄을 껴안다

블랙홀 아우성

침잠하는 사색의 언저리 맴돌다가

거짓의 굴레에서 랑데부를 하더니

큰 별이 중력을 잃고 시궁창에 꽂힌다

가자지구 아니야 우크라이나 저편에

포탄의 신음 소리 등고선을 넘을 때

기러기 날개를 접어 무언에 동참한다

피들의 아우성은 지칠 줄 모르고

나날이 일어서는 치열한 아귀다툼

비둘기 화해를 안고 태평양을 건넌다

은하사 불경 소리

은하의 바다에서 세월이 침잠하면
은하사 채마밭에 귀를 세운 푸성귀
여승의
젖은 음성이 경내를 핥고 돈다

아침이 눈을 뜨니 기지개 켜는 까치
콜택시 뒷좌석의 소복 입은 한 여인
불안을
다분히 안고 불경 소리 부여잡다

귀에 익은 언어들이 허공을 맴돌다가
까투리 암호와 교집합을 이루더니
하물며
메아리 붙들고 극락세계 가자 한다

추억에서 길을 묻다

연륜을 듬뿍 안고
고향 길 접어드니
익은 추억 하나가
발길을 다잡았다
잡초만 웅성거리는
오일장 그 자리였다

녹슨 기억 붙들어
유년을 불러오니
소금꽃 등에 박힌
아빠의 젖은 음성
대장간 풀무질 소리
추억을 움켜쥐다

제 3 부

사의재四宜齋의 사유

가야사伽倻史 다시 읽다

저미는 애간장을 우듬지에 걸어두고
쪽빛 풍경 감아쥐고 흔적을 밟아가면
도공의 천 길 내공이 숨결로 출렁인다

고요도 숨죽이는 봉황대 조개무지
누리길의 기시감 박물관의 증언들
탄화미 녹슨 기억을 다시 읽는 가야사

낙동강 윤슬이 근원으로 일어서면
붉은 입담 절창은 별빛으로 반짝이고
해설사 보름달 속에 구지가를 풀어놓다

구두의 사용 설명서

낯익은 소리 하나 구둣방을 방문하던 날

아버지는 시간을 붙들고 구두를 닦았고

이력은 연륜을 베어물고 세상을 넓혀갔다

아버지 손놀림은 보름달을 불러오고

손끝의 진정성은 우리들의 백과사전

직업의 높고 낮음은 잴 수 없는 공명음

구두는 사연들을 길바닥에 풀어놓고

때로는 불평을 깔창 밑에 숨기다가

마침내 피로를 안고 섬돌 위에 여장 풀다

성장기의 기억을 줍다

시궁창 한 켠에 들붙은 기억들이
어느 날 깃을 달고 비상을 꿈꾸더니
물음표 가풀막에서 희망을 다시 줍다

피었다 지워지고 지워졌다 다시 피는
성장기 한 장면은 미궁에서 서성이고
아버지 모진 언어들 붙박인 시린 가슴

횃불로 밝혀주던 어머니 막무가내
일곱 남매 저마다 둥근달로 띄워놓고
치매의 사슬에 묶여 동문서답 길을 묻다

꿈을 재단합니다

잔바람에 휘청이는 들풀들을 유인하여
저마다 하소연을
역지사지 귀를 열고
뜬금은 세월 붙들고 둥근달을 줍는다

욕구는 충동질을 구름처럼 불러모아
수소 먹은 풍선처럼
하늘에 걸어놓고
허공을 난도질하듯 부여잡은 신기루

강남에서 잃은 꿈을 한강에서 다시 줍고
게걸음 거미줄에서
채록한 비망록
계획은 희망과 꿈을 칼날처럼 재단하다

물방울 연가

연못가에 둘러앉아 물보라를 바라보며

무지갯빛 함초롬히 베어 문 물방울들

저들은 창공을 부유하며 우정을 껴안다

시린 가슴 아쉬워 가벼움을 띄워놓고

방울방울 어깨동무 부서지고 으깨지며

물방울 해맑은 웃음 지구를 안고 돈다

의령 박물관 다시 쓰는 이력서

저 달은 이슥토록 박물관을 핥고 있다
외로움을 뒤척이는 충익사 모과나무
오백 년 흔적을 물고 다시 쓰는 이력서

의병장 채찍 소리 자굴산 쩡쩡 울고
개가 올린 실적들 박물관에 붙박여
정암진 화왕산 전투 성전보 불 밝히다

망우당 홍의장군 모바일로 다시 뜨고
숨소리 죽여가며 증언대로 유인하니
전시된 기록물들이 토해내는 팩트들

잔잔한 그 연못에 내 얼굴을 부리니
투영된 잔영에서 말발굽 출렁이고
의병들 살신성인이 함성으로 달려오다

69병동의 소묘素描

먼동이 눈을 뜨며
앗아가는 불면증
카트기 조정하는 백의 천사 붉은 웃음
암암리 침묵 속에서 번져가는 눈인사

데면데면 낯선 얼굴
익어가는 시간 속에
냉장고 속 비밀들이 저마다 시샘하며
하나 둘 잰걸음으로 낯 붉히며 달려온다

퇴원 서류 움켜쥔
한 사내 뒤통수에
들붙어서 서성이는 잔류의 눈초리들
앞앞이 쾌유와 덕담 어깨 위에 얹어준다

동병상련

아까 본 그 얼굴을 또 보고 다시 보며
이심전심 동병상련 골목에서 답을 줍고
서투른 예행연습을 너도나도 또 틀린다

낯선 길 돌아가도 다시 만난 너와 나
굴리고 군림하고 지지고 볶으면서
흔쾌히 마주 잡은 손 우키고 받아주다

천 길 난간 수런수런 함께 오른 골고다
어제 만난 그 어둠이 오늘은 빛을 낳고
깊은 곳 쓰라린 흉터 비장을 감아쥐다

오륙도의 자부심

용숫바람 너울가지 태풍은 금지구역

유람선 휘돌아 갈 때, 진귀를 드러내고

뱃고동 귀띔이 오면 다독이는 옷매무새

방패섬 솔섬 수리섬 송곳섬 등대섬

굴섬의 너른 품새 다섯 동생 그러안고

저마다 자부심 들고 위풍당당 내민 명함

동에서는 육 남매 서에서는 오 남매

솔섬과 방패섬은 둘인 듯 하나인 듯

보름달 해무를 벗고 안착하는 오륙도

잔다르크의 일기

주섬주섬 바람을 끼워넣은 가방에서
삐져나온 메모지가 떨궈놓은 흔적들
극작가 브레히트의
감춰놓은 전략은

발설되지 않은 은어 사나브로 스며들어
모래알 성이 되듯 허공에 그린 벽화
저물녘 서쪽 하늘에
알을 품는 붉은 노을

백 년간 연속되는 포성의 뒤안길에
전략적 축법용마 차용한 그레미안
동레미 잔 다르크의
우러나는 승전보

일상을 세탁하다

과거를
　　　툴툴 털어
　　　　　　세탁기에
　　　　　　　　　욱여넣고

내 생각
　　　조금 잘라
　　　　　　세제와 섞는다

일상의
　　　땟국물들이
　　　　　　흔적을
　　　　　　　　　토해낸다

패스워드의 질주

모바일 증후군을
다분히 베어 문
환갑이 될까 말까 설익은 한 노신사
초조를 붙들고 서서 뒤살피는 뭇 눈치

아날로그 고정관념
붙박인 게딱지들
데면데면 어벌쩡 소스라치는 디지털화
순식간 찰나족 되어 흡입하는 마니아

아바타 메타버스
우주 여행 스릴러
이승과 저승 간의 경계점은 소멸되고
환희의 무한대로를 질주하는 자이언트

콩들의 반란

동이를 탈출한
몇몇의 얼굴들이
저들끼리 둘러앉아 숙덕공론 뿜어내다
오선지 언저리에서 음표 되는 꿈을 꾼다

음표에서 낙오되어
콩나물로 변신하고
아낙의 재우침에 열탕에 몸을 던져
해장국 이름표 달고 막사발에 눌러앉다

앙갚음 베어 물고
분위기 살피다가
주정뱅이 후후 불며 소주잔 기울일 때
괜스레 심술이 일어 입천장 꼬집는다

해풍의 불시착

구름을 베어 물고 지금은 여행 중
어선의 길잡이로 이력서 넣었다가
선장의 불공정으로 희망은 산산조각

실업자로 표류하다 해일과 담합하여
풍랑을 일으켜서 배들을 삼키고는
죄책감 사로잡혀서 불시착한 무인도

간간이 들어오는 낚싯배 꼬나보며
지난날 횡포들을 안으로 삭이면서
어깨에 희망을 얹고 비상을 시도한다

달자 돌림

딸만 셋인 엄마는
부평초 삶이었다
할아버지 기침 소리 냉가슴 휘어잡고
아버지 눈 부라리면 쥐구멍 찾는 엄마

첫딸인 나에게는
순달이라 명명하고
눈치코치 먹고 자란
둘째는 만달이고
간절함 물고 태어난
셋째는 막달이다

수십 년 흐른 지금 아들만 셋인 나는
소외와 긴 한숨을 밥먹듯 달고 살고
딸 둘씩 낳은 두 여동생
날개 달고 뽐뽐댄다

상처 보듬다

다독이면 치유될까

만지면 사라질까

겉보다 저린 마음

안절부절 뜬구름

소통은 신진대사의

원천이고 달관이다

패총 다시 기억을 줍다

차곡차곡 베어 문 선사시대 업적들이
억만년 숙성되어 농후한 그의 자태
세월을 움켜잡고서
토해내는 서사시

고즈넉이 각인된 조개무지 사연들이
밤이면 도란도란 피워가는 이야기꽃
연륜이 더해 갈수록
꿈틀대는 흔적들

잔바람에 숨죽인 비밀의 기록들이
지층의 갈피갈피 지워지지 않는 은유
저마다 기억을 물고
전독展讀하는 역사서

눈인사를 건네다

녹슨 기억 들추어 떠난 고향 되짚으니
아슴한 추억들이 길섶에 나뒹굴고

새들이 옹잘거리는 정자 옆 느티나무

동구 밖 다다르니 적요 속의 애절함
가난에 흠뻑 젖은 엄마 음성 달려오고

툇마루 다듬이 소리 이명으로 보챈다

인기척은 잠이 들고 우글대는 생쥐 떼
바람이 각도를 접어 길섶을 핥고 가니

골목이 고개를 들고 눈인사를 건넨다

키오스크시대의 아이러니

아버지는 문맹이었고 나는 컴맹이었다
문명을 먹고 자란 약빠른 아들 녀석
귀동냥 긁어모아서 내 미문을 읽는다

칠순에 불시착한 내 품의 스마트폰
학업을 파한 손녀 시간을 도려내어
뭐라꼬 되뇌는 할미, 터치-법 욱여넣다

컴퓨터 클릭하고 스마트폰 터치하며
별천지 요지경에 매몰되고 함몰되어
컴맹의 탈출 자격증 경작하듯 품어 안다

병원 식당 주눅 없이 능수능란 터치 예약
키오스크 조바심 전당포에 걸어놓고
폰-맹의 옐로우카드 구만장천 새가 되다

아버지의 증명사진

당신은 다짐이요 미완의 사연이다

내 가슴 이면에 붙박인 앙금이다

아들딸 4남 3녀를 우듬지에 걸어두고

사십 대 주마창으로 짧은 생을 털어낼 때

물 잃은 금붕어처럼 달싹이는 입언저리

맏이인 내 손 붙들고 침묵으로 되뇐 잠언

빛바랜 증명사진 표상으로 일어서면

막내가 이순한 살, 올 모두 꼿꼿하다고

기일인 59주기에는 익은 웃음 올릴게요

계란&달걀의 진실 찾기

해거름 한 노점상 설전이 게걸대다
박씨는 계란 먼저, 김씨는 달걀 먼저
우기는
고성 오갈 때
참견하는 공명음

계란 원조 박혁거세, 달걀 원조 단군일걸
혼돈의 미로 속을 조물주에게 물어볼까
헷갈린
세상사 또한
거기가 거기라네

아내는 계란이라 하고 나는 달걀이라 한다
티격태격 입씨름은 출구 없는 로터리
삶이란
동전의 양면
뒤집어 생각해 보렴

사의재四宜齋의 사유

약용의 질곡마저 부들대던 신유사옥
비루를 말아쥐고 불시착한 동문매반가*
허공에 팔매질하듯
그러안은 무의지

억겁을 뒤척이며 일궈놓은 알곡인데
뜬금없는 소환일까 기별 없는 도용인 듯
이백 년 역사를 들춰
풍운지회 곱씹다

흠흠신서 경세유표 쪽방촌에 걸어두고
목민심서 앞세워 한양길 드는 사의재
동절기 옷깃 여미며
배웅하는 산다화

정조의 탕평책이 울림으로 일어서면
용산궁 나리들의 강심장도 꿈틀댈까
독선의 그늘에 갇혀
웃자란 뭇 목소리

*동문매반가: 정약용이 안절부절못할 때, 주모가 마음을 잡아주며 기거하게 한 주막.

제4부

언어에게 말 걸기

첨성대에서 세상을 굽어보다

허영청 비두골의 선덕여왕 그림자를
지긋이 움켜쥔 포토 존 시뮬레이션
푸드덕
희망을 끌고
기억 속을 뒤진다

삼국유사 별기은제 중구난방 이설들은
춘분 추분 하지 동지 절기에서 답을 줍고
인왕동
천오백 년 관측
우주에서 길을 찾다

골붉은 전구들을 가지가지 껴안은
지척의 감나무를 집적이는 갈바람
한달음
달빛을 당겨
별을 따는 첨성대

빈집의 적신호
— 모바일 시대의 무관심

무관심은 희극일까 비극일까 냉기일까
온기 잃은 한 빌라에 미라된 시신 2구
일년 전 아파트에서 일가족이 졸지에
운명론 움켜쥐고 죽은 듯 잠든 듯이
문 열면 다닥다닥 이웃 아닌 이웃이고
핵가족 솔로고미가 불러들인 아이러니
버스가 지나간 뒤 부산 떠는 관공서
자본주의 리치 티켓 푸어는 그림의 떡
품앗이 공동체 의식 전당포 기웃대고
켜켜로 쌓인 고지서 눈길 한번 던졌다면
대참사만 참사인가 이것 또한 미필적 고의
나날이 빗장을 거는 이웃 정이 요원하다

언어에게 말 걸기

가다가 없었다면 오다가 있었을까
가다 오다 주고받고 대칭의 언어들이
상반된 음양오행설 보폭을 넓혀간다

사글셋방 전세방의 간극은 얼마일까
앉을 자리 앉은 자리 개념은 무엇일까
명사형 전성어미가 동사에게 말을 걸다

세탁소는 빨래집 화장실은 위생실
남북한 단일 민족 언어는 헷갈리고
한민족 동질성 회복 변증에서 답을 줍다

속닥이다 속삭이다 닮은 듯 다른 듯이
알쏭달쏭 언어들이 궁금증 키워 갈 때
네이버 다음 사전에 주눅 드는 종이 사전

사물四物의 진가

징 소리
울림을 붙들고서 세상을 읽어가는
구만장천 너른 품새 징징징 징 소리
박물관 쪽방에 갇힌 에밀레종 닮았구나

장구의 비장
두 손에 매를 쥐고 때리고 두들겨도
맞을수록 또렷하고 고명한 너의 두 볼
사중창 화음 붙들고 비장을 감아쥔다

북의 미덕
임산부를 닮은 듯 보름달을 닮은 듯이
두둥 둥 둥둥 둥 도당굿에 몸을 던져
둔탁한 그루터기에 제 깜냥을 새긴다

꽹과리의 소란
좁은 보폭 자책하며 날뛰고 까분다
졸장부 옹졸함이 좌고우면 깨갱깽
달랑쇠 움켜쥐고서 소란으로 일어선다

블랙박스

첩보 같은 비밀을
    보란 듯이 움켜쥐고
내 삶의 음성 동작
    쟁여 넣고 욱여 넣어
블랙홀 깊은 수렁에
    나도 몰래 빠져든다

CCTV 블랙박스
    오리발의 감별사
팩트는 진리만 안고
    우뚝 서는 증언대
모바일 정보화시대
    오리발은 안 통해

변명은 변절을 낳고
    진실은 순금을 낳지
후회는 지나간 버스
    되돌아 오지 않아
현대는 감시의 세계
    예외는 문전 박대

돌들의 아우성

전장을 서성이다
붙박인 이야기들
앞앞이 재우쳐서 받아 놓은 이력서
저마다 지문을 새겨 펼쳐가는 서사시

내 손에서 떠난 화살
되돌아온 부메랑
아뿔싸! 엎질러진 물 일수불퇴 전장이네
막차가 떠나간 뒤에 부여잡은 신기루

먹여치고 둘러치고
살수대첩 자구책
일궈가는 자갈마을 고요 속의 아우성
옥집은 가건물일세 덤받이의 옥탑방

선사시대 패총의 기억

층계를 오르다가 선조들이 잃어버린
낯익은 언어들이 서성이는 저녁 무렵
어설픈 기억 하나가 조각달로 다시 뜨다

선사시대 고인돌 발자취를 더듬어
흔적을 집어내고 채록한 비망록
역사의 갈피 속에서 피어나는 음어들

매일 장 보는 남자

출근길에 아내가 던져 준 오계명을
내 가슴 외진 곳에 건성으로 눙쳐넣고
아홉 시
시침 소리에 들깨우는 스마트폰

미묘한 시소게임 터치로 베팅하고
변덕이 잦은 장날은 붉으락 푸르락
우상향
거미줄 타는 상한선은 따봉이다

사십 대에 잘린 직장 감아쥐는 조바심
등락을 널뛰기하며 옥죄는 폐장시간
푸른 옷
곤두박질로 간담 서늘 하한가

그 뉘가 앗아간 듯 홀쭉 배 나의 계좌
퇴근한 불여우의 최후통첩 뒤로한 채
야멸찬
시세 붙들고 또 내일 걸어본다

의령댁 오일장 가다

저물어가는 한 노파가 남은 생을 움켜쥐고
골목길 쉬엄쉬엄
장 들머리 전, 자리 펴면
낯익은 안부들 또한 뭇 사연 들고 온다

칠곡댁 화정댁은 우화, 미담 끼워 팔고
궁류댁은 막내딸
결혼 소식 들고 와서
입안에 뒤척이다가 낯 붉히며 익혀낸다

나날이 쇠약해가는 3일 8일 의령장은
왁자했던 지난날들
주섬주섬 되삼키고
망개떡 의령 소바는 웅숭깊은 묵은 장맛

'아기 울음 삽니다 결제는 행복페이로'
'옹알이도 사나요'
보름달 안은 새색시
'의령의 녹주옥이군요' 장돌림의 너스레

웃음을 팝니다

고추 배추 푸석푸석
풀섶에서 일어서니
메뚜기 잠자리떼 서사시로 화답하고

구절초 휘파람 물고 동참을 호소한다

조각달 분장하고
응원전 펼치니까
유유자적 새털구름 묘기를 연출하고

해님은 구름 사이로 반짝웃음 들고 온다

고향 되돌아보다

유소년 오지 마을 내 살던 초가삼간
돌부리 산비탈길 시오리 초등학교
밥 먹듯 결석을 하며 눈동냥 육년 세월

반세기 흐른 지금 옹알이 잦아들고
폐가는 우후죽순 신방 차린 멧돼지
소쩍새 울음소리가 한세월 끌고 간다

산촌의 마을 둔턱 이끼 품은 열녀비
수호신 자처하며 붙박힌 기록들이
오소리 고라니들을 보듬을 수 있다면

로봇과 인간 복제 세상을 지배한들
인기척을 앗아간 내 고향 용두리에
다시금 되돌아올까 배냇짓 아기 울음

우리들의 자화상

낯설은 전화번호
흠칫흠칫 자라 가슴
나날이 높아만 가는 이웃 간의 장벽들
현대는 불신을 안고 빠져드는 무의식

AI의 블랙박스
내 삶의 음성 동작
이 잡듯이 욱여넣는 모바일 워커-홀릭
흔적은 증거를 물고 오리발을 자르다

봉화마을의 서정

봉화산 봉수대에 어둠이 에둘리면
너럭바위 조각돌 웅성대는 숱한 이름
부엉이 울음소리는 서사로 일어서다

곡소리 잠이 들면 숙덕공론 모여들고
바람개비 노란 물결 길섶을 출렁일 때
실개천 개구리 소리 고독을 들깨우다

잠자리 메뚜기들 들판을 횡행하면
KTX 기적 소리 끊어질 듯 울렁이고
노무현 못다 이룬 꿈 허공에서 맴돈다

그쯘한 밤

이울지는 햇살이
서산에 얼굴 묻고
숨죽인 초승달이 살며시 고개 들면
은하수 수놓은 하늘 별들도 소곤소근

구름이 흘려놓은
서사의 조각들이
바람을 불러들여 왈츠로 화답하고
천둥이 끌고 온 번개 온누리 불 밝히다

도배를 하며

오래도록 들붙은 얼룩진 흔적들이
눅눅한 정을 안고 서로를 위로하며
안주를 꿈꾸어왔던
지난날을 그린다

뜯겨지고 찢겨지는 고통의 수난 속에
칼질과 풀질 속에 다소곳 꽃벽지들
저마다 품위를 안고
등불로 다시 뜨다

자부심 붙들고서 소리로 일어서며
몇 년을 기약할까 저들끼를 웅성대며
천장과 벽면 전면에
아로새긴 암호문서

달력 속에 숨은 사연

삼백예순 닷샛 날 함초롬히 베어물고
열두 식구 저마다 사연을 머금고서
나날이 그 사연들을 시간으로 풀어가다

한 달이 흘러가면 한 식구가 추락하고
두 달이 지나가면 두 식구가 사라지니
섣달이 이울고 나면 또 한 해 저물겠지

분침은 시침에 채찍질을 가하면
어느덧 하루해가 서산에 서성이고
내일을 기약하면서 감아쥐는 모진 세월

반려견 전성시대

유모차 가장자리 턱받이 한 반려견
어린아이 울음소리 송두리째 앗아간
개들의
지상천국인 율하천 놀이공원

집집마다 높아가는 견공들의 위상이
우뚝 솟은 변려견 보호법 고개 들고
자가용
승용차에서 왕후로 후한 대접

하나 낳아 잘 기르자던 그 옛날 캠페인이
오늘날 부메랑으로 허공을 맴돌다가
비로소
비수가 되어 잦아드는 옹알이

침묵의 무게

낮은 소리 잠이 들고 바람은 주춤주춤
설익은 공간에서 고개 숙인 고요함
침묵의
그 무게 속에
숙성된 공명음

분자와 소자들이 길 잃고 부유하면
합집합 교집합이 선명성 베어물고
모바일
전성시대에
변덕쟁이 언어들

섣부른 자충수에 희망은 금이 가고
무게와 부피 속에 갭들이 웅성대면
야행성
매듭 하나가
꿈을 안고 맴돈다

갈사만의 와우새

닭 울음 잦아들면
일어서는 불빛들
통통배 바람 안고
어둠을 밟고 가면
새벽이
기침을 하며
떨궈놓은 흔적은

다시금 낮은 걸음
뒤뚱대는 복종류
전설의 허공에서
비상을 꿈꾸다가
해조음
설법을 듣는
갈사만의 와우새

와불의 반란

청계사 별당 옆에
수선화 고개 들고
관음보살 좁쌀 공양 불경 소리 이울면
충렬왕 평양부원군 중창한 대웅전 앞

경전의 우담바라 피는 듯 지는 듯이
극락보전 오른쪽에
애기부처 불러놓고
와불은 정대함 들고 알몸으로 뒹굴다

정행품 보조행품 수미산 제석천왕
범천왕 사천왕과 화음경 대승불교
다비식 화엄종주는
서천에 길을 내다

별은 언제 지는가

시간은 지체 없이 햇살을 걷어간 뒤
어둠이 깃들이면 고개 내민 초승달
오리온
북두칠성은
하늘에 별집 짓다

스산한 가을바람 창공을 부유하면
지구의 자전으로 소슬바람 고개 들고
은하수
행성의 무리
추락의 꿈을 꾼다

돈세탁

공전하는 시간 속에 지폐 한 장 꺼내들어
간간이 침을 발라 접힌 곳 문지르고
손으로 다림질하듯 팽팽히 당겨본다

백 있고 높은 분들 돈세탁은 다르더라
에둘러 이중장부 대포통장 명의신탁
저마다 비자금으로 스캔들 불 지핀다

다섯 살 막내딸이 돈세탁 의미 몰라
우리집 세탁기에 빨래하듯 돌리냐고
황당한 질문 하길래 웃음으로 흘렸다

제 5 부

내 마음속 비밀번호

내 젊음은 가고

양지쪽 아지랑이 피어나듯 일어서면
파릇파릇 돋아나는 쑥이며 비름이며
저마다
고개를 들고
패기를 부린다

계절이 익어가면 피는 꽃도 다시 지고
가을의 문턱에는 떨어지는 낙엽들
스산한
초겨울 바람에
옷깃을 세운다

내 젊음 꽃피듯이 왕성한 날 있었던가
주름진 얼굴이며 가쁜 숨 몰아쉬며
가뭇한
기억 더듬어
불러 모은 옛 추억

달그림자

추억을 풀어놓은
연지의 한 켠에서
그리움 베어물고
맞이하는 신기루
못다 한 러브스토리
일어서는 애틋함

때로는 간절함이
샛별 뒤에 숨었다가
바람결이 이울면
다가오는 속삭임
초연한 너의 자태에
조각배를 띄운다

요양원의 일상

아슴푸레 달랑쇠를 부르쥐고 눈을 뜨니
속달질 아들딸들 끼어드는 손자 손녀
발싸심 가뭇한 이름 옹잘대는 윽! 감정

지는 노을 채근하는 늦잠도리 노파들은
뭐라꼬!를 되씹으며 묻는 말 다시 묻고
가쁜 숨 휘감아 쥐며 잠든 안부 뒤진다

조급을 눈에 걸고 하마하마 또 한 해
갤러리 터치해서 다시 보는 손자 얼굴
저마다 통한을 쥐고 쏟아내는 게거품

얼굴 곳곳 붙박인 좁쌀 같은 저승꽃
나날이 수를 놓듯 더해가는 면面판화
밤마다 저린 외로움 혹한기를 끌고 간다

전장典掌에서 세신洗身을 읽다

사우나탕 더부살이 분신 같은 아지트
굼닐대는 나신 하나 자존심 던져 놓고
책장을
펼쳐 읽듯이 온몸을 읽어간다

모든 직함 훌훌 벗어 탈의실에 걸어 두고
간이침대 와불상, 개구리 알몸들은
안도를
거머쥐고서 세신사에 내맡긴 몸

오른손에는 촌음과 때밀이 타월을
왼손에는 노련미를 쥐었다 폈다 하며
내림굿
풀어내듯이 심신을 읽어간다

어둠이 웅성대면 허기가 달려오고
술기운 익어가면 끼어드는 외로움
황천 간
아내 잔영이 눈시울을 두드린다

시골 동창회

늦은 안부 손에 쥐고 한데 모인 동창들
긴가민가 알쏭달쏭 덥석 잡은 더덕손

아릿한 옛 기억들을 들춰내는 구비문학

왁자한 함성들이 강물 되어 출렁이니
저마다 핸드폰에 성함 전번* 욱여넣고

검버섯 깊은 주름이 반세기를 깨문다

기수별 펼친 텐트 응문하며 순례하고
아름드리 벚나무에 눈길을 던져 보면

추억은 꿈으로 살아 저문 연륜 펼친다

* 전번: 전화번호 준말.

노부부 세상을 읽다

혼백을 뒤섞은 지 살가운 반백 년
서로의 숨결에서 세상을 읽어내고
시계의 규칙음처럼 이심전심 눈썰미

지나간 시린 세월 날줄로 세로 하고
미래의 기대 심리 씨줄로 가로 놓아
경험을 건져올려서 촘촘히 베를 짠다

재우치는 기침 소리 가까스로 잠재우고
굽은 허리 받쳐 주며 또 한숨 몰아쉬니
노부부 가쁜 호흡이 긴긴밤을 삼킨다

가야伽倻의 흔적

구지가 탄강설화
암화 같은 귀갑무늬
박물관 세계관에서 진원을 불러모아
가야의 핫—한 흔적을 자라에서 엿듣다

가라사니 함유한
아유타국 파사석탑
이천 년 가락국 비밀 지긋이 베어물고
수로왕 보주태후의 금슬지락 들춰내다

대국사 반야심경
법리를 풀어내면
초선대 바위틈에 진절머리 일어서고
떠도는 불경 소리가 마애불을 껴안다

팔랑개비의 변덕

아들녀석, 딸아이와
오색의 색종이로
        자르고 접어 만든
        오색 물결 팔랑개비

바람은 채찍질 가해
장관을 연출한다

        어찌 보면 노란 물결
        때로는 파란 물결
저마다 파도타기
자태를 뿜어내며
        변덕의 수다쟁이로
        오만 끼 발산한다

입맛의 변절

기억을 더듬어서 20세기 접어들면
가난에 찌든 나날 보릿고개 불러오고
아슴한 추억 하나가 발걸음을 붙든다

쑥이며 씀바귀며 밀가루에 얼버무려
허기진 배 채우고 배 꺼질까 두려워
조바심 움켜쥐고서 숨죽이던 내 유년

세월은 쏜살같이 21세기 베어물고
과학의 무한대로를 질주하는 물질문명
짠밥통 넘쳐흐르는 생선이며 과일들

제아무리 맛깔스런 육고기며 생선도
눈길조차 멀어지는 포만감 전성시대
오늘날 만능주의가 불러오는 안일함

그 섬에 살고 싶다

낭만과 꿈을 안고 더 채잡던 소년기

잡힐 듯 잡힐 듯이 손끝에서 맴돌던

희망의 내 간절함은 속절없이 휘발되고

가난을 부여잡고 노동판 현장에서

수를 놓듯 한 땀 한 땀 목표를 당겨가던

애틋한 밑바닥 인생 걸우고 달구어서

수달과 악어새가 오순도순 살아가는

무인도 한 켠에서 둥지 틀고 뿌리 내려

첫사랑 연인과 함께 오붓이 살고 싶다

수변 공원의 신풍속도

논밭이 어느 날에
변해버린 빌딩 숲
만남교 카페거리 신흥도시 그곳에는
쉼 없이 흘러내리는 자리 잡은 율하천

수변공원 저변에는 선사시대 유적들이
숨죽이며 꿈틀대고
유모차에 강아지 떼
옹알이 응석받이로 탈바꿈한 전경들

아이의 울음소리는 전설로 떠돌고
반려견 애완견들의 놀이터 된 율하공원
오늘날 신풍속도는
김홍도를 밀어내다

오월의 장미

푸르름 일어서면
                고개 드는 가시덩굴
속삭이듯 집적이듯
                얽히고 설키어서
봉곳한 가슴 펼치는
                혈서같은 봉오리

시나브로 피워가는
                다소곳한 수줍음
뜬소문을 흩뿌려서
                군락지를 이루며
만방에 과시를 하며
                붉은 웃음 흩날린다

달의 무게

파이를 아시나요
총승의 기호를
햇살이 이울면 본심을 드러내는
중력의 공전과 자전 지구를 안고 돈다

억만년이 지나고
지구가 소멸하면
일관된 그 자태로 우리들을 맞이하는
저 달도 지구와 함께 증발되지 않을까

무게는 떨어지는
그들만의 스릴을
만끽하며 자생하고 생성하고 분화하며
유연한 속도감에서 제 깜냥을 가늠한다

상실의 계절

낙엽이 떨어지고 고샅길 고목들이
저마다 간절함을 역지사지 베어물고
혹한의
앙상한 가지
슬픔이 모여든다
잃어버린 것에 대한 아쉬움을 움켜쥐고
밤마다 불면증을 밀어내고 떨쳐내며
찬란한
과거의 잔상
꿈에서 말아쥔다

모바일 날개를 달다

농경시대 이울고 산업화 당찬 물결
스멀스멀 저물고 아이시티 고개 들며
AI가 세상 움켜쥐면 인간은 길을 잃다

컴퓨터며 스마트폰 손끝에서 펼치는
도깨비 방망이를 능가하는 마술사
아바타 메타버스를 우주에 띄어놓고

반도체의 메모리 붙박인 파운드리
키오스크 모멘트 모바일 전성시대
작금은 핸드폰으로 세상을 조정한다

동전의 양면성

거기가 저기라고 뱃심 주어 말하면

이쪽이냐 저쪽이냐 다시금 물어오고

동전의 양면성 기능 다른 듯 같은 듯이

사람의 속마음을 그 누가 알까마는

겉으로 드러나는 풍기는 이미지가

그 사람 인간 됨됨이 긴가민가 양면성

참인 듯 거짓인 듯 알쏭달쏭 한치 속

이랬다 저랬다가 양지가 음지 되고

변덕의 요술쟁이가 두 얼굴 동전일세

이스탄불의 아침

술탄 블루 모스크 푸른 밤은 익어가고
아흐메트 광장의 풍경이 서성일 때
감탄은 아름다움을
베어 물고 출렁인다

거대한 돔형 아야 소피아가 고개 들면
탁심의 광장에서 튀르키예 문화와
더불어 고풍스러운
전차의 붉은 울음

지도를 움켜쥐고 이스티크랄 거리에서
갈라타의 다리를 건너다가 잃어버린
아침을 한 움큼 쥐고
다시 본 이스탄불

내 마음속 비밀번호

보일 듯이 말 듯이 아슴하고 암울한
심해의 보물처럼 묻어두고 숨겨 둔

가슴속 이야기들을 나 홀로 훔쳐본다

행여나 긴가민가 잡힐 듯 안길 듯이
있는 듯 없는 듯이 맴을 도는 아쉬움

잊을까 잊혀질까봐 두려움 움켜쥔다

조마조마 울렁울렁 마음속에 새겨 둔
천길만길 기억 속 지울 수 없는 암호

나만의 일기장처럼 꼬불친 비밀번호

꼬막 길을 묻다

딱딱한 표피층이
목숨을 지탱하는
방패막 제 깜냥을 톡톡히 해내면서
꼬막은 방향을 잃고 담치에 길을 묻다

바다도 아닌 곳에
강물도 아닌 곳에
살금살금 기어 나와 소금기 털어내고
아련한 희망을 안고 백사장 서성이다

애당초 가고픈 길
그 길이 아니었제
주정뱅이 마음을 사로잡고 싶었는데
양념장 보듬어 안고 알몸으로 뒹군다

소록도에 달이 뜨면

전라남도 고흥군 도양읍 아시나요
조선의 총독부가 나병을 불러들여
체계적
관리를 위해 터를 잡은 소록도

한때는 우왕좌왕 소름 끼친 문둥병
신부며 수녀들의 천사 같은 이심전심
편견을
도려내면서 인식이 발돋움하고

아우성 잦아들고 웃음이 모여들며
마니는 골목마다 덕담을 뿌려놓고
그곳에
보름달 뜨니 울려퍼진 팡파르

오작교의 속삭임

견우와 직녀가 음력 칠월 초이렛날
은하수에 모여 든
     까마귀와 까치 떼
서로의 몸을 잇대어 만들어진 오작교

고된 노동 아등바등 민머리 드러내고
헌신의 일념으로
     마음과 뜻을 모은
그들의 보금자리에 알콩달콩 속삭임

헤어짐은 아쉬움을 다붓이 베어 물고
만남을 기약하며
     토닥토닥 어르고
억만년 전설로 흘러 은빛 가루 뿌리다

거등왕 풍월 다시 듣다

각설이 손금 보듯 풍수지리 더듬다가
조대산 언저리에 세상을 펼쳐놓고
팔등신 거등왕 풍월 신음하는 가야금

바둑 소리 잦아들면 밀려오는 출렁임
외로움을 움켜쥔 초선대 모정 부인
돗대산 고개를 들면 귀띔하는 마애불

김씨 성을 베어 문 마풍왕 이시품왕
삼대의 발자취를 들고 온 삼국사기
붙박인 이천년 역사 다시 듣는 가야사

돋을볕 시인선 019

환상이 달을 쏘다
김상철 시조집

펴낸날 2024년 7월 8일

지은이 김 상 철
펴낸이 오 하 룡
펴낸곳 도서출판 경남

주소 창원시 마산합포구 몽고정길 2-1
연락처 (055)245-8818, fax.(055)223-4343
블로그 gnbook.tistory.com
이메일 gnbook@empas.com
등록 제1985-100001호.(1985. 5. 6.)
편집팀 오태민 | 심경애 | 구도희

ISBN 979-11-6746-145-2-03810

ⓒ김상철

＊잘못된 책은 바꿔 드립니다.
＊저자와 협의 인지 생략합니다.
＊이 책은 **경남문화예술진흥원**의 문화예술지원을 보조받아 발간되었습니다.

〔값 13,000원〕